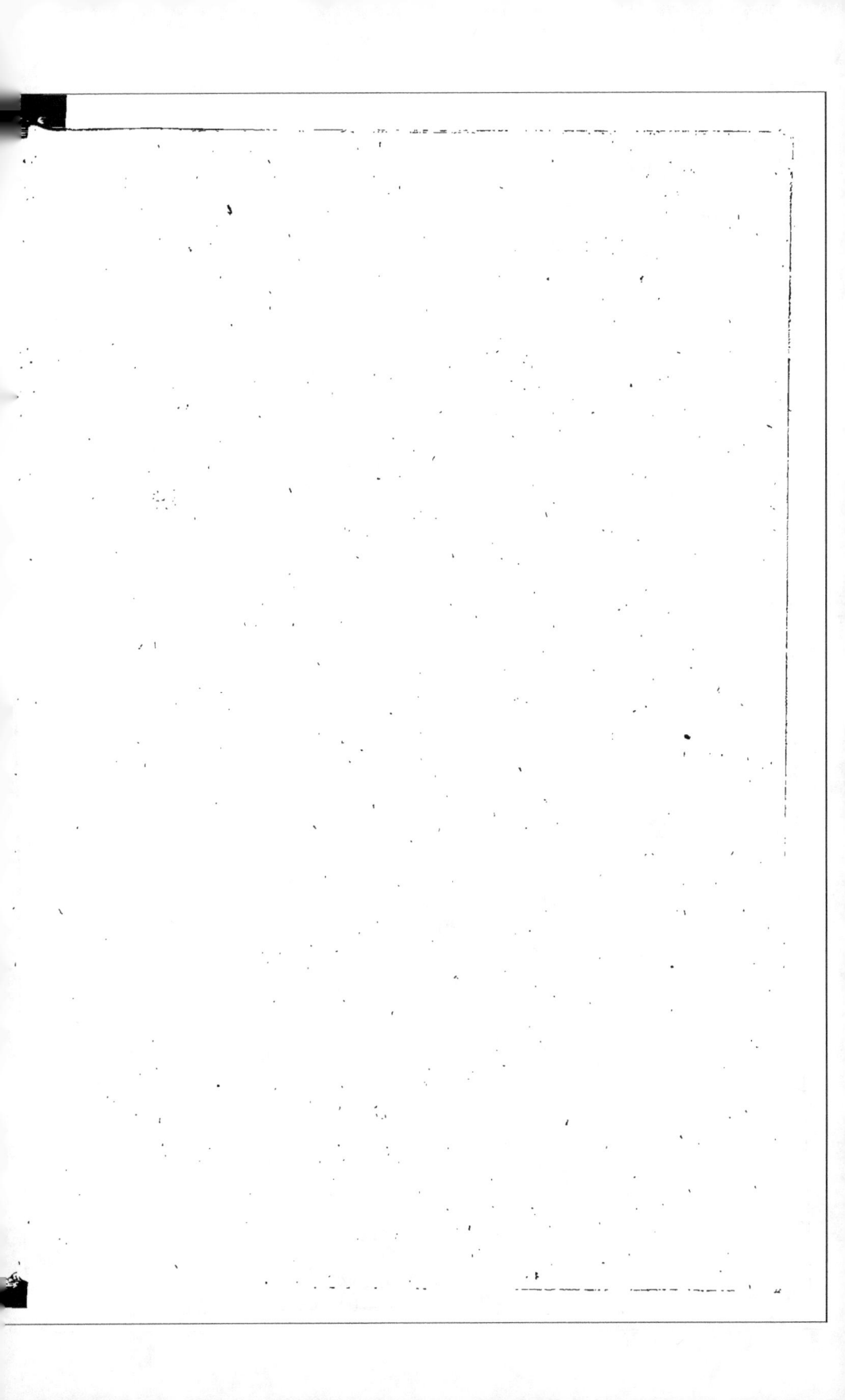

LE
TESTAMENT
DE
THEOPHILE.

M.DC.XXVI.

LE
TESTAMENT
DE
THEOPHILE

M.DC.XXVI.

LE
TESTAMENT
de Theophile.

Est à ce coup (chers
nourriſſons d'A-
pollon, qu'il faut a-
bandonner le Par-
naſſe & les Muſes,
puiſque la Parque inexorable
couppe le fil de ma vie, ô cruauté
du Ciel, qui nous deſtobes le con-
tentement de la vie, dans la plus
belle ſaiſon de noſtre aage, pour-
quoy as tu conſpiré ma mort, ma

Muse n'a elle pas tousiours reco-
gneu ta puissance, n'a-elle pas tousiours rendu hommage & tribut
à ta grandeur, sans que tu me fasses
ressentir la rigueur d'vn destin a-
uant le temps, est-ce par vengéa-
ces que tu me tires des delices de
ce monde, est-ce par ialousie, est-
ce que le vice du siecle, où la vanité regne, au preiudice de la vertu, ne merite pas de posseder ce-
luy qui a tãt receu de faueurs d'A-
pollon. Quoy faut-il maintenant
payer le tribut à la nature, sans a-
uoir veu passer le cours ordinaire
des ans, n'est-ce pas cruauté aux
Bergers, quand ils cueillét la fleur
qui ne commence qu'à s'esclorre,
& à prendre la tainture des rayons
du Soleil, faut-il passer le fleuue
d'Acheron & faire compagnie à

ces ombres muettes, qui volent
dans le royaume de Plutõ, comme des Atomes. et toy Esculape
qui te vante d'estre fils d'Apolõ,
que ne fais tu rendre des efforts
extraordinaires à tõ art, pour def-
fendre de la mort, le fauorit des
Muses, n'y a il point quelque her-
be qui ait la vertu de prologer ma
vie, s'il y en a quelqu'vne qui ait
cét aduantage, ie rendrai sa vertu
immortelle par mes vers, ie la def-
crirai comme vn peintre, qui veut
tirer au vif, quelque ouurage de
la Nature ! helas ie ne verray
plus luire ce beau Soleil, ie ne
verray plus la Clitie, qui vit se-
crettement soubs la forme de l'he-
liotrope suiure son astre pas à pas,
ny la Lune abandonner le Ciel,
pour caresser son Endymion, ie

ne verray plus les Naiades dans les fontaines aux prises amoureuses, ny les Bergers follastrer dans les bois, ny le beau printemps tapisser la terre de tant de belles fleurs. La beauté & le merite de Philis ne seront plus le subiet de mes passions, ny la matiere de ma poësie. Ie n'auray doresnauant pour obiet, que la ialousie de Proserpine, & les supplices cruels d'Ixion & de Sisyphe, & au lieu d'entendre vne Musique bien concertee & les redites d'vn Echo, lors que les Bergers font retentir aux grottes & aux Rochers leurs plaintes amoureuses, Ie n'entendray que les Cris effroyables de ceux que Radamante aura condánez au tortures, le seiour des Champs Elisees ne me plaist point car c'est vne iouiſſance vaine,& qui ne contente que comme vn ſonge, le bien preſent eſt plus ſolide As tu peur de mourir n'as tu pas apprins de la Philoſophie, le meſpris de la mort, tu n'as pas apprehédé les feux que la calomnie t'auoit preparez, & tu pallis aux reſſentimés de la mort naturelle, ne ſçais tu pas que la vie eſt l'ouurage de la mort, & que tu as commencé a mourir lors que tu as cómécé à viure, toute la nature vniuerſelle conſent en ce point, & toy ſeul tu veux rompre cet ordre par vanité penſant que le monde reçoiue de l'alteration par ta mort, Mourons donc conſtamment no⁹ auons veu aſſez de Soleils & de printemps, nous auons aſſez iouy des delices de ce monde, nous a-

uons affez cucilly de fleurs dans
les Iardins de la vanité, pour en e-
ftre contans, nous auons affez
goufté les plaifirs. Il n'y a plus qu'a
recommencer, tout l'Vniuers no°
apprent à mourir, en courant au
neant comme au lieu de fon repos,
les Riuieres coulent à groffes on-
dees dans l'Ocean ; le Soleil pre-
cipite fa courfe vers l'Occident,
pour hafter la mort des ouurages
qu'il anime, le iour preffe la nuict,
& la nuict talonne le iour, pour
nous enfeigner cefte leçon, qu'il
n'y a rien de folide, & de perma-
nent en ce monde. Et en verité l'ó
ne peut pas dire proprement que
les ouurages de la nature ayent vn
eftre, puifqu'il fe defrobent fi pró-
ptement de nos yeux, puifque la
vie des hommes paffe comme vne
ombre

ombre, puis qu'elle s'enfuit comme vn longe puis qu'ille faille comme vne fleur, que le Soleil regarde
en plein midy, et fi nous auiôs cefte confideration, nous ne nous
attacherions point fi fort aux cô-
moditez de la vie, nous eftudie-
rions la mort tous les iours :
Mais quoy la foibleffe de noftre
efprit ne peut receuoir ces leçons,
les delices de la vie nous enforcel-
lent , & comme des Sirenes
charmét noftre raifon, pour nous
perdre & pour nous dôner vn re-
pentir eternel, neantmoins ie ne
fuis point tant engagé dans le cô-
tentement, que ie n'aye penfé à
l'eftat & à la miferable condition
des hommes, ie ne me fuis point
tât oublié que ie n'aye le plus fou-
uent penfé à la mort. Combien de

fois parmy lés delices de la Cour,
ay-ie digeré la rigueur du deftin,
combien de fois ay-ie graué fur
les arbres, lors que i'eftois aux
champs, la refolution, que ie pre-
nois de mourir & de quitter le
monde, fi ie portois au vifage les
marques de la melácholie, ce n'e-
ftoit pas l'amour, qui auoir impri-
mé cefte couleur pafle, mais la có-
fideration de la mifere des mor-
tels(il faut difpofer en moy mef-
me)que ce corps qui eft animé, &
qui a vie,& mouuement, foit vn
iour immobile,il faut qu'il foit la
pafture des vers, & qu'il fe reduife
en cendre par la pourriture,&que
cét efprit qui rend de fi belles o-
perations abandonne fa prifon,
pour fe reunir à fon principe. Que
cefte feparatió eft cruelle à la vie,

qui reſſent ceſte alteration, la pri-
uatiõ n'eſt point ſi dure aux corps
inanimez , car leur reſolution ſe
fait inſenſiblement, neantmoins
la mort ne ſe peut gouſter, mais
les apprehenſions font mourir
mille fois ceux qui n'ot point ces
belles impreſſions de la Philoſo-
phei, & qui n'ont point eſtudié la
mort en viuant combien de fois
ay-ie entretenu mes penſees ſur
la Metempſicoſe des Pythagori-
ciens, combien de fois ai-ie deſi-
ré que ceſte opiniõ fut vraie, afin
que ie peuſſe me reſouuenir, de
pluſieurs aduantures arriuez dans
le changement de tant de corps,
mais ſes deſirs n'eſtoient produits
que d'vne vanité vitieuſe & deſ-
reiglee: car en ce ſubiect ie fauori-
ſois trop le menſonge, & les abus

desPayens, mais il n'est pas temps
de s'extrauaguer en ces opinions;
il faut songer à mourir, & a iouer
ce dernier acte auec constance &
resolution, ce n'est pas assez d'a-
uoir combattu les disgraces de la
fortune, ce n'est pas assez d'auoir
souffert innocemment la rigueur
d'vne prison si longue, d'auoir en-
duré tant de trauerses, si maintenant on ne reçoit ce coup du destin & de la Parque d'vn visage as-
seuré, il ne faut pas faire naufrage
au port, ie veux affronter la mort
d'vn esprit constant, & luy oster
son masque, & ie verrai qu'elle
n'est point si hideuse, que la foi-
blesse s'imagine ie veux la gouster
s'il est possible pour luy monstrer
que la Philosophie, m'a donné
vne vigueur forte, genereuse &

inuincible apres la mort mesme,
Ie veux luy faire paroistre qu'il y a
plus de peine a viure, qu'a mourir,
ou que la mort & la vie me sont
indifferentes, Mourons donc, &
donnons les derniers Adieux, le
plus grand regret que i'aie, c'est de
quitter les delices & les conten-
mens de la Muse, ie ne verray plus
le sacré Parnasse, où nous auons
tant chanté les passions de l'A-
mour, Ie ne boiray plus de l'eau de
la fontaine, qui enyure les ames
des Poëtes & qui les porte à des
enthousiasmes extraordinaires,
Adieu donc Apollon, Adieu
Parnasse & les Muses, Adreu esprits espurez de la Cour, qui auez
tant recherche nos ouurages: Ie
ne vous oubliray point par mon
restament Ie veux estre aussi libe-

ral à la mort que i'ay esté libre à
parler en ma vie, ie veux &c.

1. Ie donne, & legue à Apollon
mon ame, la vie & la mort &c.

2. Et mon corps au Parnasse, ie luy
veux estre enterré solemnellemēt,
& que les Muses, & tous les Poëtes de la Court y assistent & qu'ils
me dressent un sepulchre aussi som-
ptueux & magnifique que... de
Mausolee, & pour recompense te
leur legue & leur donne la liber-
té immodérée de mon esprit, ma ver-
tue & ma veine poeticque au
des P...

3. Ie donne & legue le Parnasse
Satyricque qui m'a esté attribué à
la benoiste Compaignie des Iesui-
stes...

4. Ie donne au Pere Garasse ma
plume, affin que doresnauant il
n'escriue plus de mensonges, &

de tabarinages contre les curieux
de ce temps.

5. Ie donne mon encre au Pere
Coton, car le coton sans encre ne
peut pas seruir, & ie luy porteray
en l'autre monde, affin qu'il escriue contre ce liure seditieux com-
i la promis à la Cour, sans auoir es-
gard aux equiuocques, entétrois
retentum de Iesuiste.

6. Ie donne ma Biblioteque aux
bigos, archibigots, estragots, à to⁹
ceux qui portent leurs esprits en
escharpe affin qu'il apprennent
parla lecture de mes liures, à ne
faire plus les hypocrites.

7. Ie donne & legue aux Impri-
meurs, qui sont bons beuueurs de
renom & verolez de reputation,
tous mes escrits, poësies & tradu-
ctiōs affin quils chantent à iamais

Requiescat in pace.